Impressum
Verlag: BABADADA GmbH, Nedderfeld 112 , 22529 Hamburg
Geschäftsführer / Verlagsleitung: Harald Hof
Druck: Books on Demand GmbH, In de Tarpen 42, 22848 Norderstedt

Imprint
Publisher: BABADADA GmbH, Nedderfeld 112 , 22529 Hamburg, Germany
Managing Director / Publishing direction: Harald Hof
Print: Books on Demand GmbH, In de Tarpen 42, 22848 Norderstedt, Germany

Schule

училище

Klassenzimmer
класна стая

dividieren
деление

186/2

Tafel
черна дъска

Schulhof
училищен двор

Lehrer
учител

Papier
хартия

schreiben
пиша

Stift
химикал

Schreibtisch
бюро

Lineal
линеал

Buch
книга

Schüler
ученик

Ranzen

ученическа раница

Federmappe

ученически несесер

Bleistift

молив

Bleistiftanspitzer

острилка за моливи

Radiergummi

гума

Zeichenblock

блок за рисуване

Zeichnung

рисунка

Pinsel

четка

Malkasten

акварелни бои

Schere

ножица

Klebstoff

лепило

Übungsheft

тетрадка за упражнения

Hausaufgabe

домашна работа

12

Zahl

число

2+2

addieren

събиране

5-2

subtrahieren

изваждане

2×2

multiplizieren

умножение

rechnen

смятане

A

Buchstabe

буква

ABCDEFG
HIJKLMN
OPQRSTU
VWXYZ

Alphabet

азбука

Wort

дума

Text

текст

lesen

чета

Kreide

тебешир

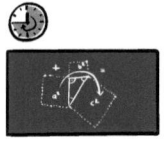

Stunde

час

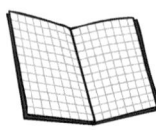

Klassenbuch

дневник на класа

Prüfung

изпит

Zeugnis

свидетелство

Schuluniform

ученическа униформа

Ausbildung

образование

Lexikon

справочник

Universität

университет

Mikroskop

микроскоп

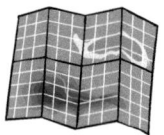

Karte

карта

Papierkorb

кошче за хартиени
отпадъци

Reise

пътуване

Hotel
хотел
Grand
Herberge
хостел
ROOMS
Wechselstube
обменно бюро
EXCHANGE
Koffer
куфар
Auto
кола

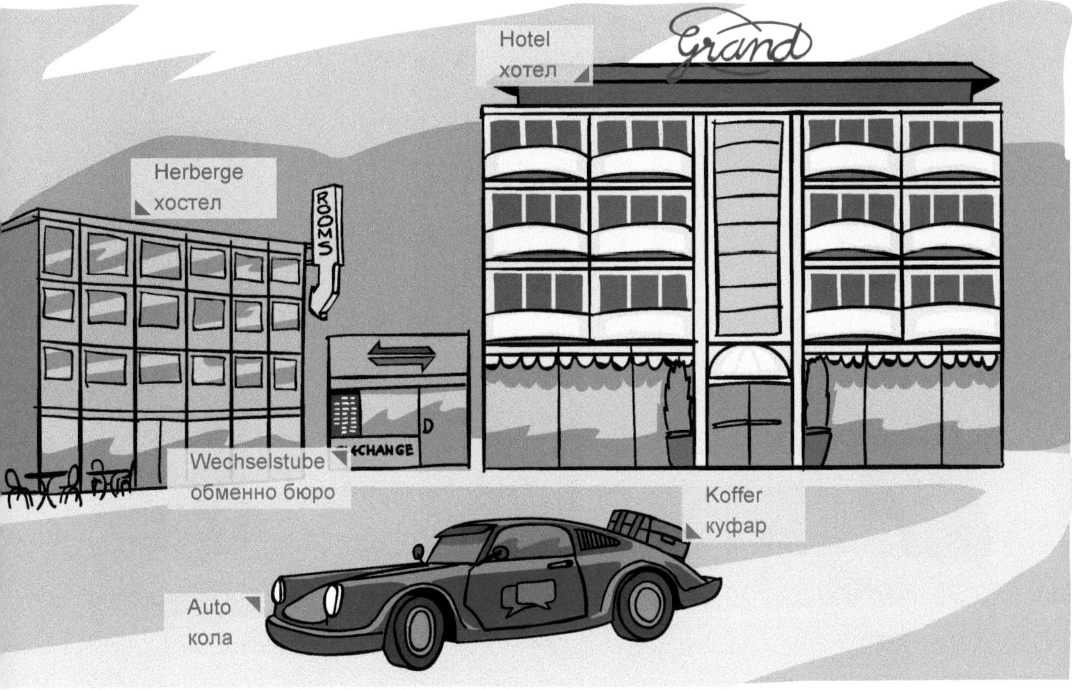

Sprache

език

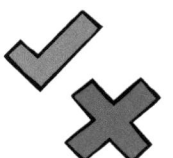

ja / nein

да / не

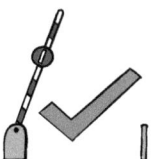

Okay

Окей

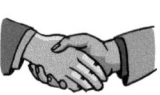

Hallo

здравей

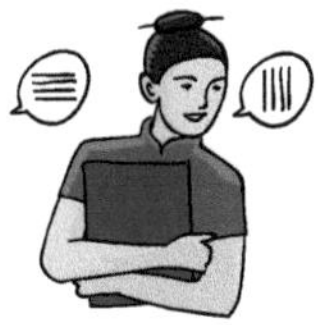

Übersetzer

преводач

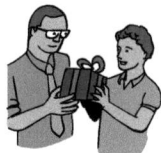

Danke

Благодаря

Was kostet...?

Колко струва...?

Ich verstehe nicht

Не разбирам

Problem

проблем

Guten Abend!

Добър вечер!

Guten Morgen!

Добро утро!

Gute Nacht!

Лека нощ!

Auf Wiedersehen

довиждане

Richtung

посока

Gepäck

багаж

Tasche

пътна чанта

Rucksack

раница

Gast

посетител

Zimmer

стая

Schlafsack

спален чувал

Zelt

палатка

Touristeninformation

туристическа информация

Strand

плаж

Kreditkarte

кредитна карта

Frühstück

закуска

Mittagessen

обед

Abendessen

вечеря

Fahrkarte

билет

Fahrstuhl

асансьор

Briefmarke

пощенска марка

Grenze

граница

Zoll

митница

Botschaft

посолство

Visum

виза

Pass

паспорт

Transport
транспорт

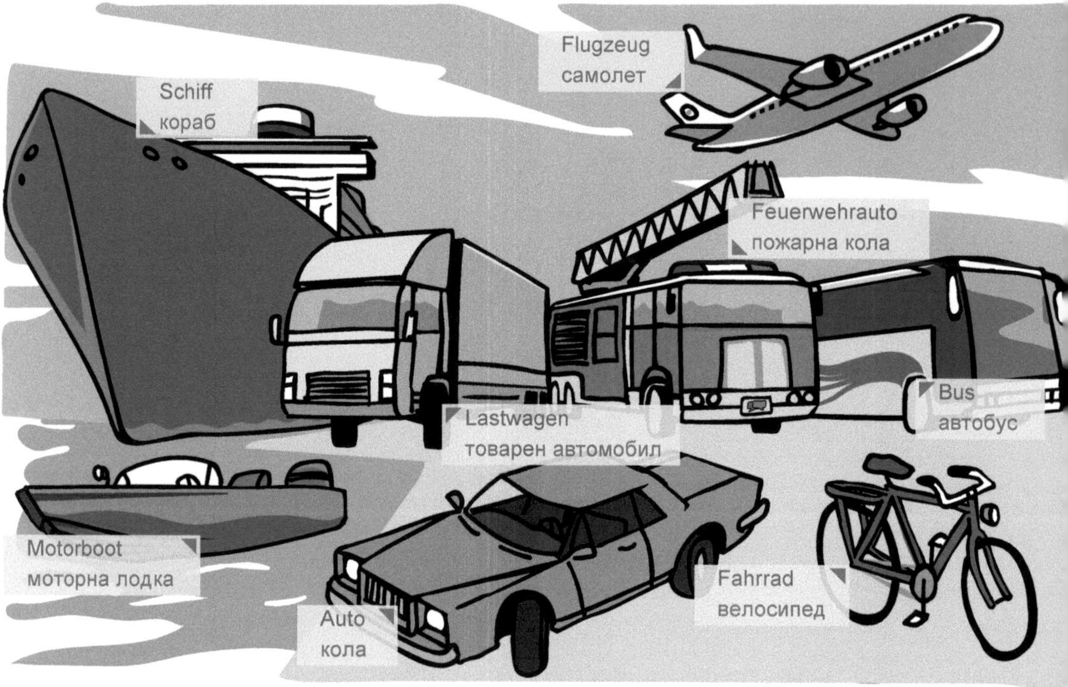
Flugzeug
самолет
Schiff
кораб
Feuerwehrauto
пожарна кола
Bus
автобус
Lastwagen
товарен автомобил
Motorboot
моторна лодка
Fahrrad
велосипед
Auto
кола

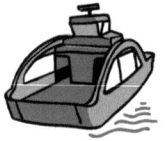

Fähre

ферибот

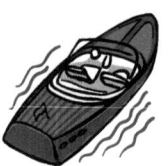

Boot

лодка

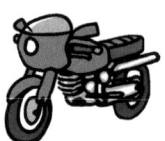

Motorrad

мотоциклет

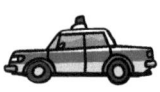

Polizeiauto

полицейска кола

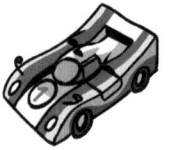

Rennauto

състезателна кола

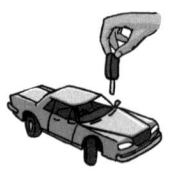

Mietwagen

кола под наем

Carsharing

каршеринг

Abschleppwagen

автомобил от "Пътна помощ"

Müllauto

сметовоз

Motor

двигател

Kraftstoff

бензин

Tankstelle

бензиностанция

Verkehrsschild

пътен знак

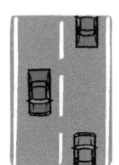

Verkehr

улично движение

Stau

задръстване

Parkplatz

паркинг

Bahnhof

гара

Schienen

релси

Zug

влак

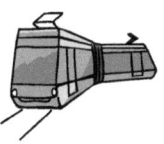

Straßenbahn

трамвай

Wagon

вагон

Helikopter

хеликоптер

Flughafen

аерогара

Tower

кула

Passagier

пасажер

Container

контейнер

Karton

кашон

Karren

ръчна количка

Korb

кошница

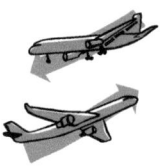

starten / landen

излитам / приземявам се

Stadt

град

Dorf

село

Stadtzentrum

градски център

Haus

къща

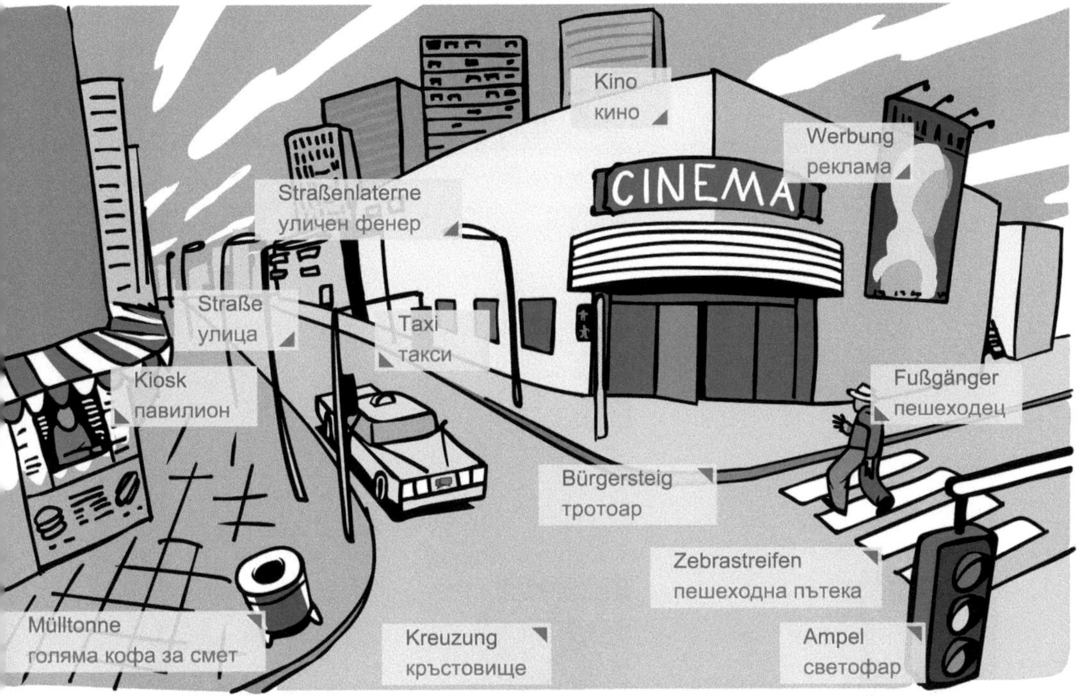

Kino
кино

Werbung
реклама

Straßenlaterne
уличен фенер

CINEMA

Straße
улица

Taxi
такси

Kiosk
павилион

Fußgänger
пешеходец

Bürgersteig
тротоар

Zebrastreifen
пешеходна пътека

Mülltonne
голяма кофа за смет

Kreuzung
кръстовище

Ampel
светофар

Hütte

хижа

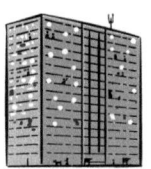

Wohnung

жилище

Bahnhof

гара

Rathaus

кметство

Museum

музей

Schule

училище

Universität
университет

Bank
банка

Krankenhaus
болница

Hotel
хотел

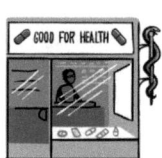

Apotheke
аптека

Büro
офис

Buchhandlung
книжарница

Geschäft
магазин за цветя

Blumenladen
магазин за цветя

Supermarkt
супермаркет

Markt
пазар

Kaufhaus
универсален магазин

Fischhändler
търговец на риба

Einkaufszentrum
търговски център

Hafen
пристанище

Park

парк

Bank

пейка

Brücke

мост

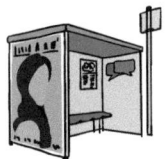

Treppe

стълба

U-Bahn

метро

Tunnel

тунел

Bushaltestelle

автобусна спирка

Bar

бар

Restaurant

ресторант

Briefkasten

пощенска кутия

Straßenschild

улична табелка

Parkuhr

часовник за паркинг
престой

Zoo

зоологическа градина

Badeanstalt

плувен басейн

Moschee

джамия

Bauernhof

селски двор

Umweltverschmutzung

замърсяване на околната среда

Friedhof

гробище

Kirche

църква

Spielplatz

детска площадка

Tempel

храм

Landschaft
пейзаж

Blatt
листо

Wegweiser
пътепоказател

Weg
път

Wiese
ливада

Stein
камък

Wanderer
пътешественик

Baum
дърво

Fluss
река

Gras
трева

Blume
цвете

Tal

долина

Berg

планина

See

море

Wald

гора

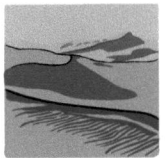

Wüste

пустиня

Vulkan

вулкан

Schloss

замък

Regenbogen

дъга

Pilz

гъба

Palme

палма

Moskito

комар

Fliege

муха

Ameise

мравка

Biene

пчела

Spinne

паяк

Landschaft - пейзаж

Käfer

бръмбар

Frosch

жаба

Eichhörnchen

катеричка

Igel

таралеж

Hase

заек

Eule

кукумявка

Vogel

птица

Schwan

лебед

Wildschwein

диво прасе

Hirsch

елен

Elch

лос

Staudamm

бент

Windrad

вятърна турбина

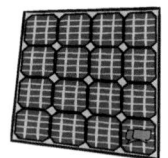

Solarmodul

соларен модул

Klima

климат

Restaurant

ресторант

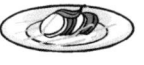

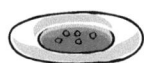

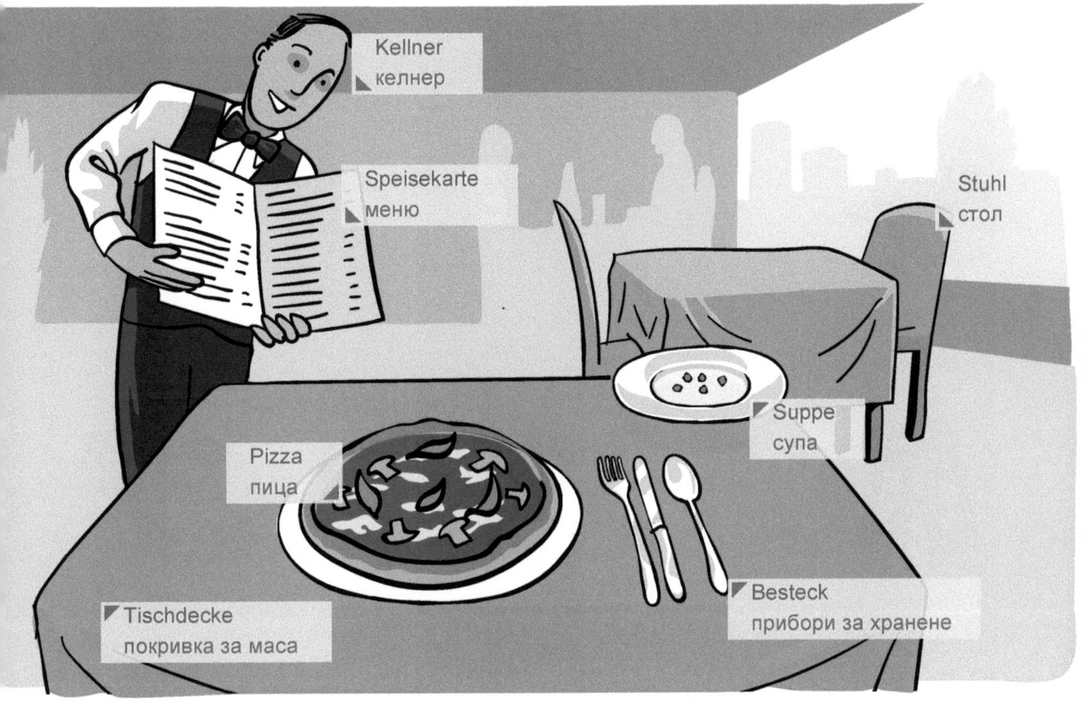
Kellner
келнер
Speisekarte
меню
Stuhl
стол
Suppe
супа
Pizza
пица
Besteck
прибори за хранене
Tischdecke
покривка за маса

Vorspeise

предястие

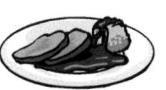

Hauptgericht

основно ястие

Nachspeise

десерт

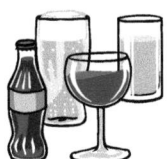

Getränke

напитки

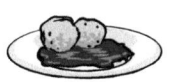

Essen

ядене

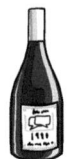

Flasche

бутилка

Fastfood

бързо хранене

Streetfood

улична храна

Teekanne

кана за чай

Zuckerdose

кутия за захар

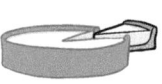

Portion

порция

Espressomaschine

еспресо машина

Hochstuhl

висок детски стол

Rechnung

сметка

Tablett

табла

Messer

ножица за нокти

Gabel

вилица

Löffel

лъжица

Teelöffel

чаена лъжичка

Serviette

салфетка

Glas

стъклена чаша

Restaurant - ресторант

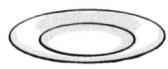

Teller

чиния

Suppenteller

чиния за супа

Untertasse

чинийка

Sauce

сос

Salzstreuer

солница

Pfeffermühle

мелничка за черен пипер

Essig

оцет

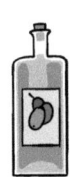

Öl

олио

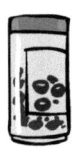

Gewürze

подправки

Ketchup

кетчуп

Senf

горчица

Mayonnaise

майонеза

Supermarkt

супермаркет

Angebot
оферта
FOR
Kunde
клиент
Milchprodukte
млечни продукти
Obst
плодове
Einkaufswagen
количка за покупки

BUTCHERS

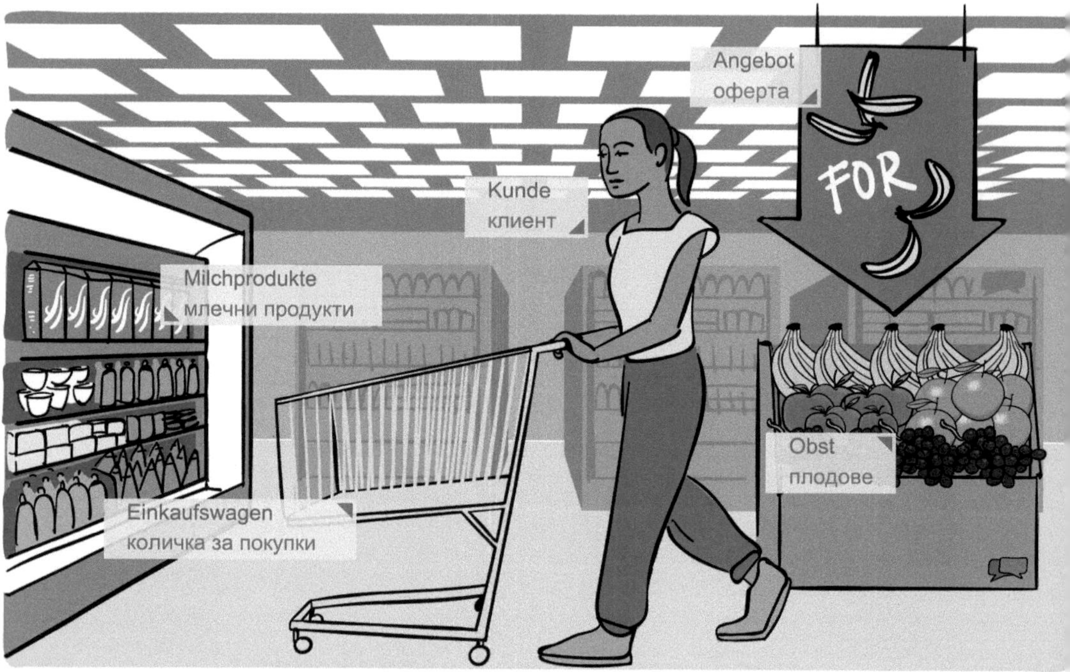

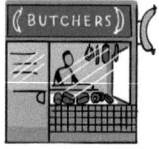

Schlachterei

кланица

BAKERY

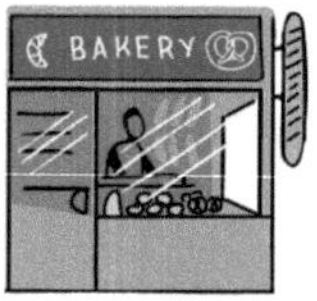

Bäckerei

хлебарница

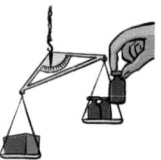

wiegen

тегля

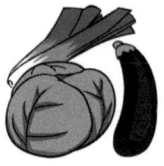

Gemüse

зеленчуци

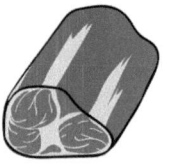

Fleisch

месо

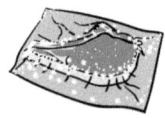

Tiefkühlkost

дълбоко замразена храна

Aufschnitt

нарязан колбас или сирене

Konserven

консерви

Waschmittel

перилен препарат

Süßigkeiten

лакомства

Haushaltsartikel

домакински изделия

Reinigungsmittel

почистващи препарати

Verkäuferin

продавачка

Kasse

каса

Kassierer

касиер

Einkaufsliste

списък на покупките

Öffnungszeiten

работно време

Brieftasche

портфейл

Kreditkarte

кредитна карта

Tasche

чанта

Plastiktüte

пластмасова торба

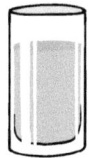

Wasser

вода

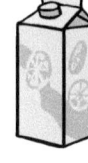

Saft

сок

Milch

мляко

Cola

кола

Wein

вино

Bier

бира

Alkohol

алкохол

Kakao

какао

Tee

чай

Kaffee

кафе машина

Espresso

еспресо

Cappuccino

капучино

Banane

банан

Apfel

ябълка

Orange

портокал

Melone

пъпеш

Zitrone

лимон

Karotte

морков

Knoblauch

чесън

Bambus

бамбук

Zwiebel

лук

Pilz

гъба

Nüsse

ядки

Nudeln

макарони

Spaghetti

спагети

Reis

ориз

Salat

салата

Pommes frites

пържени картофи

Bratkartoffeln

печени картофи

Pizza

пица

Hamburger

хамбургер

Sandwich

сандвич

Schnitzel

шницел

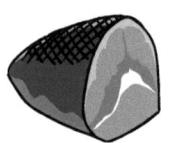

Schinken

шунка

Salami

траен колбас

Wurst

салам

Huhn

пиле

Braten

печено

Fisch

риба

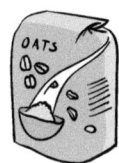

Haferflocken

овесени ядки

Müsli

мюсли

Cornflakes

корнфлейкс

Mehl

брашно

Croissant

кроасан

Brötchen

хлебчета

Brot

хляб

Toast

препечена филийка

Kekse

бисквити

Butter

масло

Quark

извара

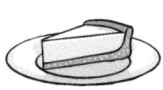

Kuchen

сладкиш

Ei

яйце

Spiegelei

яйца на очи

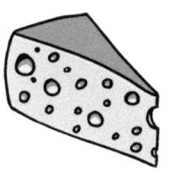

Käse

сирене

Eiscreme

сладолед

Zucker

захар

Honig

мед

Marmelade

мармалад

Nougat-Creme

нуга крем

Curry

къри

Bauernhof
селски двор

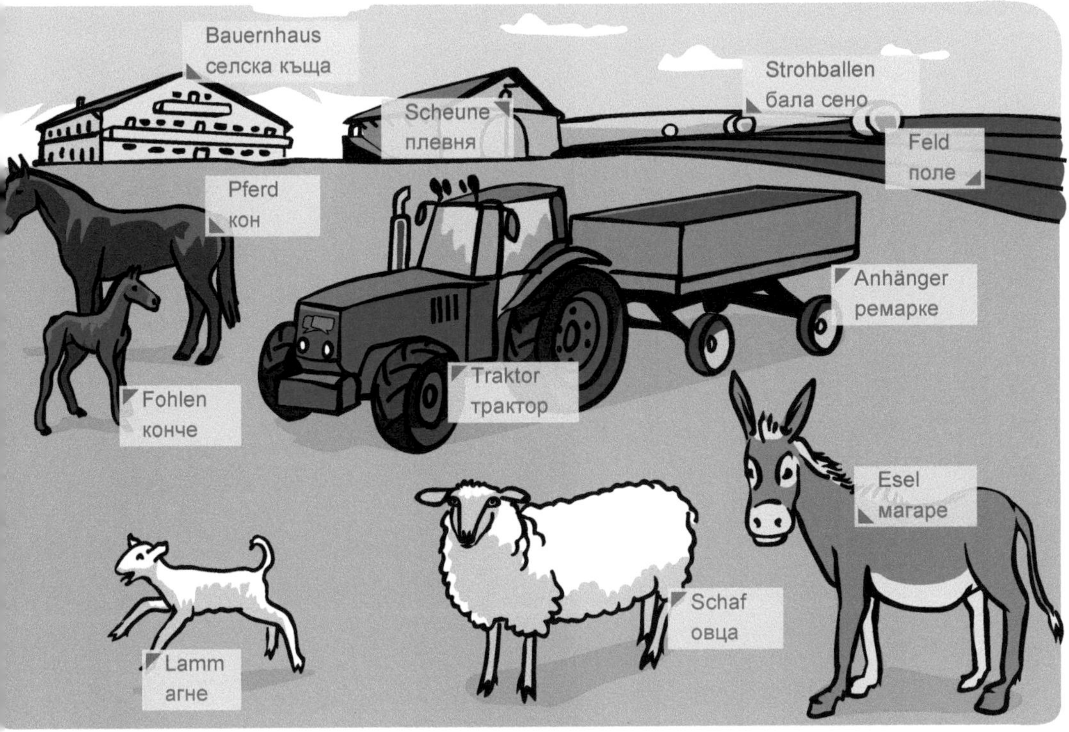
Bauernhaus
селска къща
Scheune
плевня
Strohballen
бала сено
Feld
поле
Pferd
кон
Anhänger
ремарке
Traktor
трактор
Fohlen
конче
Esel
магаре
Schaf
овца
Lamm
агне

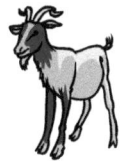

Ziege
....
коза

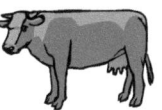

Kuh
....
крава

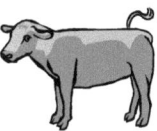

Kalb
....
теле

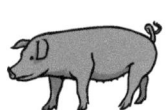

Schwein
....
свиня

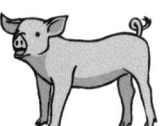

Ferkel
....
прасенце

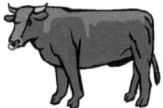

Bulle
....
бик

Gans

гъска

Ente

патица

Küken

пиленце

Huhn

кокошка

Hahn

петел

Ratte

плъх

Katze

котка

Maus

мишка

Ochse

вол

Hund

куче

Hundehütte

кучешка колиба

Gartenschlauch

градински маркуч

Gießkanne

лейка

Sense

коса

Pflug

плуг

Sichel

сърп

Hacke

мотика

Mistgabel

вила за тор

Axt

брадва

Schubkarre

ръчна количка

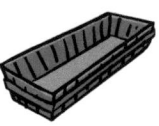

Trog

корито

Milchkanne

съд за мляко

Sack

чувал

Zaun

ограда

Stall

обор

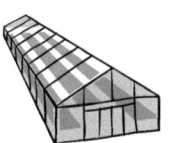

Treibhaus

парник

Boden

земя

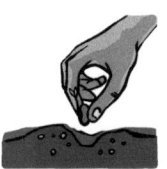

Saat

сеитба

Dünger

тор

Mähdrescher

комбайн

ernten

жъна

Ernte

реколта

Yamswurzel

ямс

Weizen

жито

Soja

соя

Kartoffel

картоф

Mais

царевица

Raps

рапица

Obstbaum

овощно дърво

Maniok

маниока

Getreide

зърнени храни

Haus

къща

Schornstein
комин
Dach
покрив
Regenrinne
улук
Fenster
прозорец
Garage
гараж
Klingel
звънец
Tür
врата
Mülleimer
кофа за боклук
Briefkasten
пощенска кутия
Garten
градина

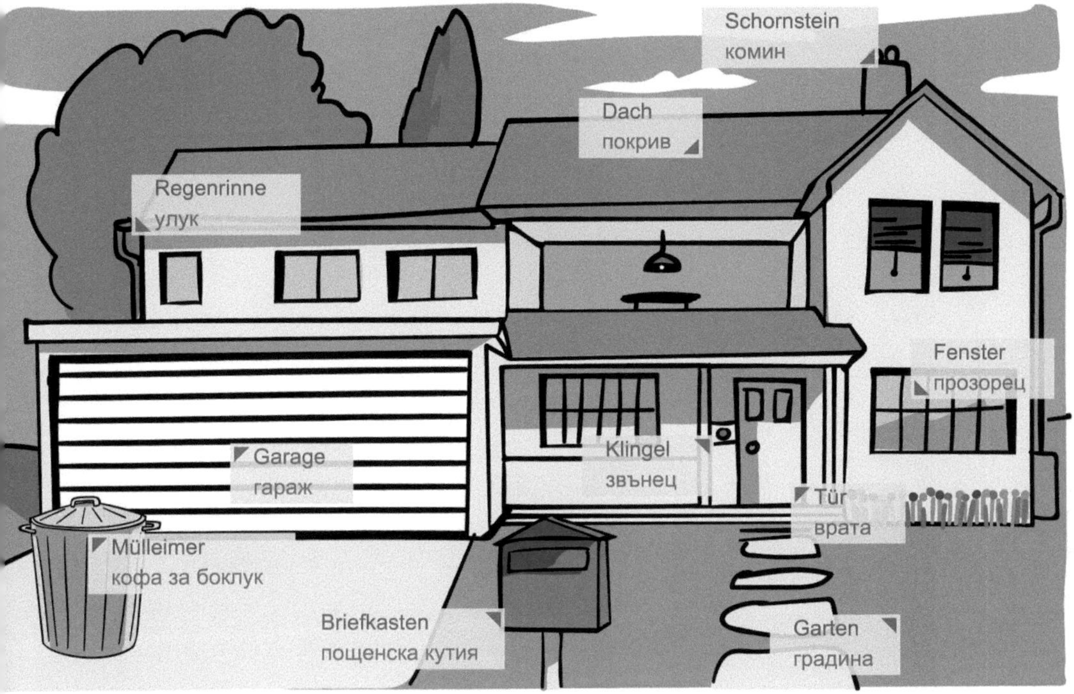

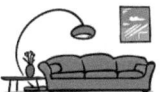

Wohnzimmer

всекидневна

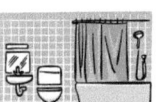

Badezimmer

баня

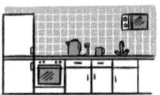

Küche

кухня

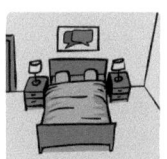

Schlafzimmer

спалня

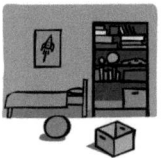

Kinderzimmer

детска стая

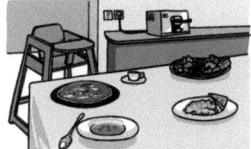

Esszimmer

трапезария

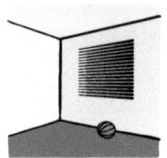

Boden

под

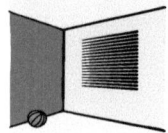

Wand

стена

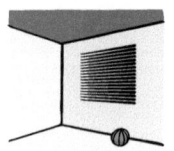

Decke

таван

Keller

изба

Sauna

сауна

Balkon

балкон

Terrasse

тераса

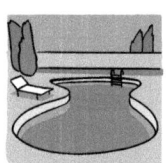

Schwimmbad

плувен басейн

Rasenmäher

косачка

Bettbezug

спално бельо

Bettdecke

покривка за легло

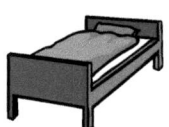

Bett

легло

Besen

метла

Eimer

кофа

Schalter

електрически ключ

Wohnzimmer

всекидневна

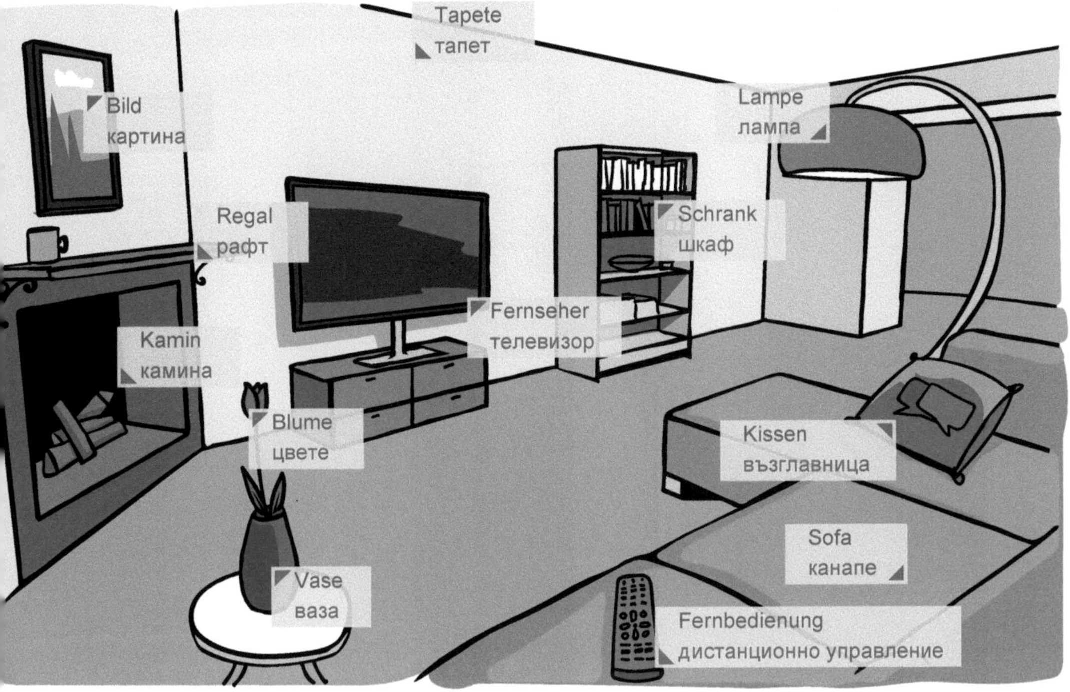
Tapete
тапет
Bild
картина
Lampe
лампа
Regal
рафт
Schrank
шкаф
Fernseher
телевизор
Kamin
камина
Blume
цвете
Kissen
възглавница
Sofa
канапе
Vase
ваза
Fernbedienung
дистанционно управление

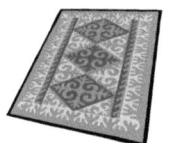

Teppich

килим

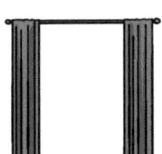

Vorhang

завеса

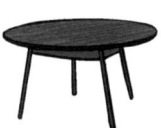

Tisch

маса

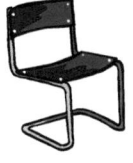

Stuhl

стол

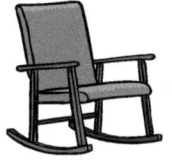

Schaukelstuhl

люлеещ се стол

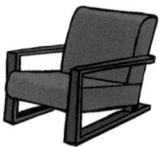

Sessel

кресло

Buch

книга

Decke

одеяло

Dekoration

декорация

Feuerholz

дърва за отопление

Film

филм

Stereoanlage

стерео уредба

Schlüssel

ключ

Zeitung

вестник

Gemälde

живопис

Poster

постер

Radio

радио

Notizblock

бележник

Staubsauger

прахосмукачка

Kaktus

кактус

Kerze

свещ

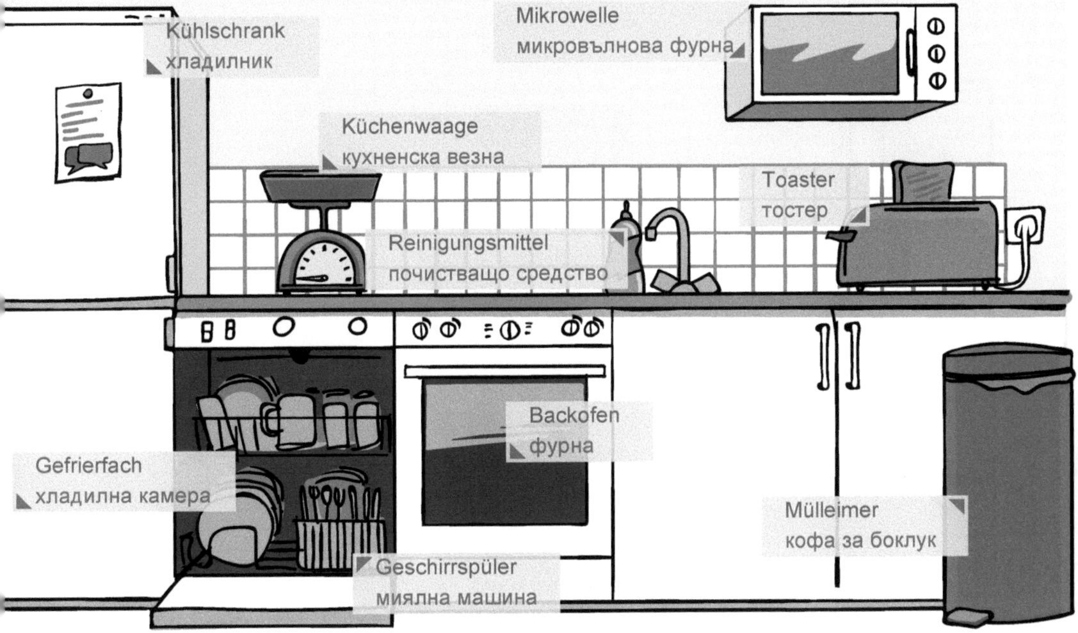

Kühlschrank
хладилник

Mikrowelle
микровълнова фурна

Küchenwaage
кухненска везна

Toaster
тостер

Reinigungsmittel
почистващо средство

Gefrierfach
хладилна камера

Backofen
фурна

Mülleimer
кофа за боклук

Geschirrspüler
миялна машина

Herd

готварска печка

Topf

тенджера

Eisentopf

желязна тенджера

Wok / Kadai

уок / кадаи

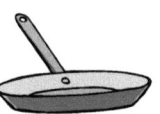

Pfanne

тиган

Wasserkocher

кана за затопляне на вода

Dampfgarer

уред за готвене на пара

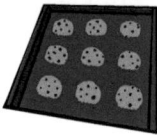

Backblech

тава за печене

Geschirr

съдове

Becher

чаша

Schale

купа

Essstäbchen

клечки за хранене

Suppenkelle

черпак

Pfannenwender

лопатка за тиган

Schneebesen

тел за разбиване (на яйца, белтъци)

Kochsieb

кошница за варене

Sieb

гевгир

Reibe

ренде

Mörser

хаван

Grill

барбекю

Feuerstelle

огнище

Schneidebrett

дъска

Nudelholz

точилка

Korkenzieher

тирбушон

Dose

кутия

Dosenöffner

отварачка за консерви

Topflappen

кухненска ръкохватка

Waschbecken

мивка

Bürste

четка

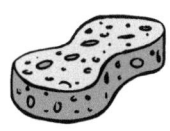

Schwamm

гъба

Mixer

миксер

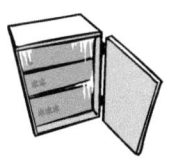

Gefriertruhe

фризер

Babyflasche

бебешко шише

Wasserhahn

воден кран

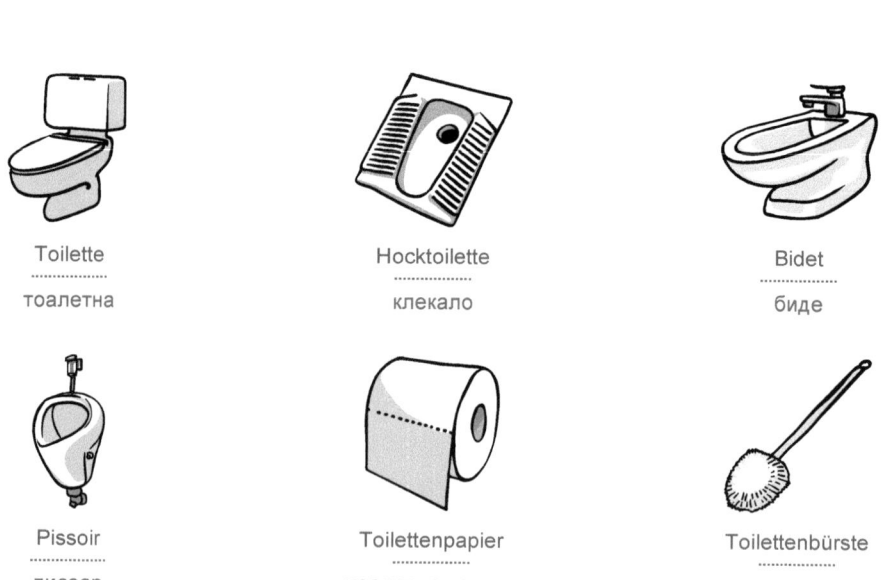

Badezimmer

баня

Dusche
душ
Heizung
отопление
Handtuch
хавлиена кърпа
Duschvorhang
завеса за баня
Schaumbad
шампоан за вана
Badewanne
вана
Glas
стъклена чаша
Waschmaschine
перална машина
Wasserhahn
воден кран
Fliesen
плочки
Töpfchen
гърне
Waschbecken
мивка

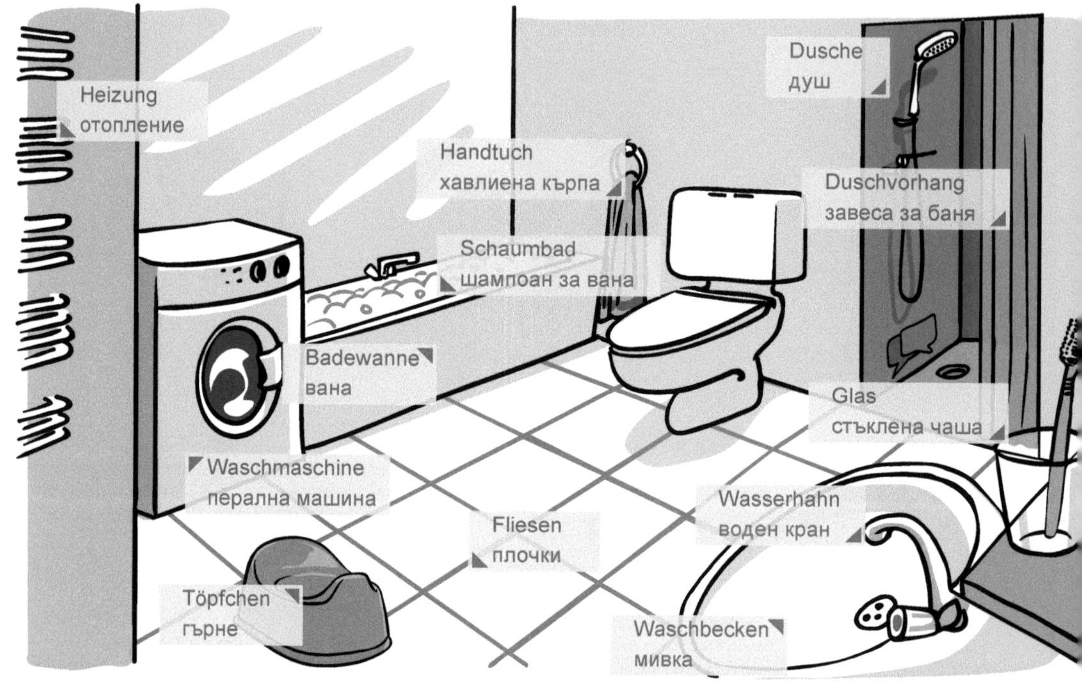

Toilette

тоалетна

Hocktoilette

клекало

Bidet

биде

Pissoir

писоар

Toilettenpapier

тоалетна хартия

Toilettenbürste

четка за тоалетна

Zahnbürste
четка за зъби

Zahnpasta
паста за зъби

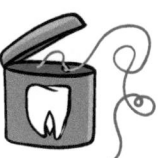

Zahnseide
конец за зъби

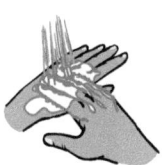

waschen
мия

Handbrause
ръчен душ

Intimdusche
интимен душ

Waschschüssel
леген

Rückenbürste
четка за гръб

Seife
сапун

Duschgel
душ гел

Shampoo
шампоан за вана

Waschlappen
гъба за баня

Abfluss
сифон

Creme
крем

Deodorant
дезодорант

Spiegel
огледало

Kosmetikspiegel
козметично огледало

Rasierer
ръчна самобръсначка

Rasierschaum
пяна за бръснене

Rasierwasser
одеколон за след
бръснене

Kamm
гребен

Bürste
четка

Föhn
сешоар

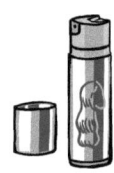

Haarspray
спрей за коса

Makeup
грим

Lippenstift
червило

Nagellack
лак за нокти

Watte
памук

Nagelschere
ножица за нокти

Parfum
парфюм

Kulturbeutel

тоалетна чантичка

Hocker

табуретка

Waage

везна

Bademantel

хавлия

Gummihandschuhe

домакински ръкавици

Tampon

тампон

Damenbinde

дамски превръзки

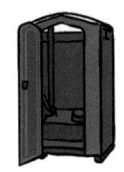

Chemietoilette

химическа тоалетна

Kinderzimmer

детска стая

Wecker
будилник
Kuscheltier
плюшена играчка
Spielzeugauto
автомобил играчка
Rassel
дрънкалка
Puppenhaus
къща за кукли
Geschenk
подарък

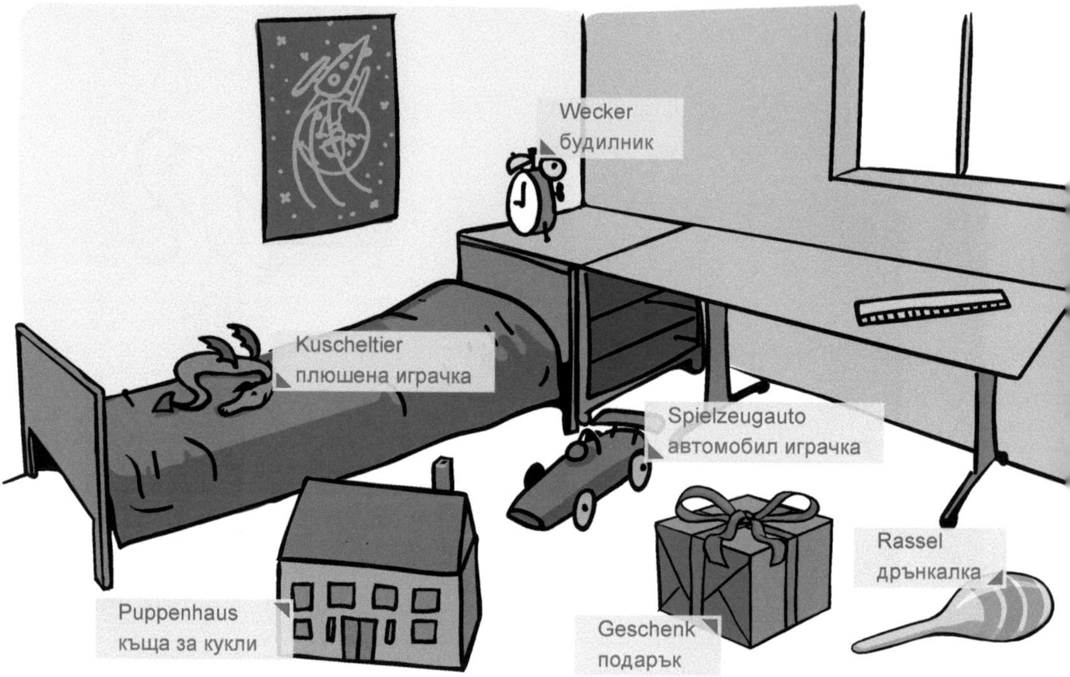

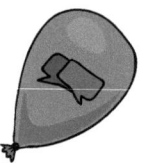

Ballon

балон

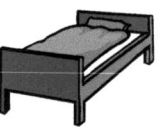

Bett

легло

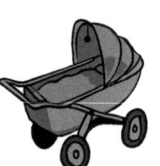

Kinderwagen

детска количка

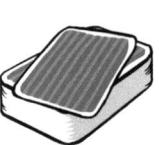

Kartenspiel

игра на карти

Puzzle

пъзел

SUPER MEGA

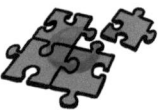

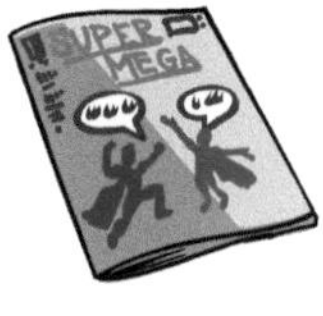

Comic

комикс

Legosteine

лего елементи

Bausteine

строителни елементи

Action Figur

екшън фигурка

Strampelanzug

бебешки гащеризон

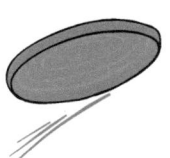

Frisbee

фрисби

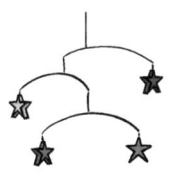

Mobile

бебешки играчки за легло

Brettspiel

настолна игра

Würfel

зарче

Modelleisenbahn

миниатюрно влакче

Schnuller

биберон

Party

парти

Bilderbuch

детска книга с илюстрации

Ball

топка

Puppe

кукла

spielen

играя

Sandkasten

пясъчник

Schaukel

люлка

Spielzeug

играчка

Spielkonsole

игрова конзола

Dreirad

велосипед с три колелета

Teddy

плюшено мече

Kleiderschrank

гардероб

Kleidung
облекло

Socken

къси чорапи

Strümpfe

дълги чорапи

Strumpfhose

чорапогащник

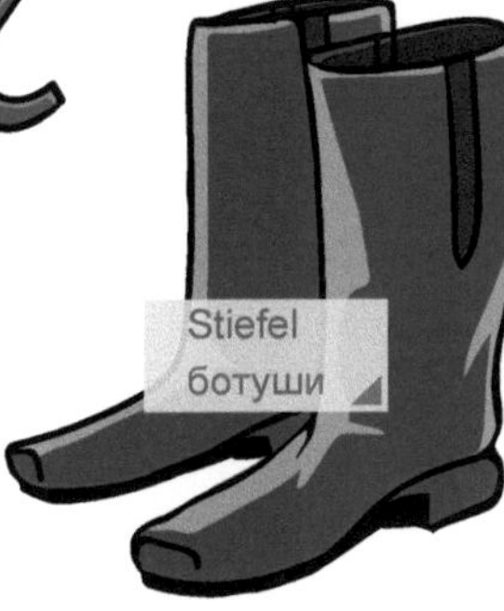

Schal
шал

Regenschirm
чадър

T-Shirt
Т-шърт

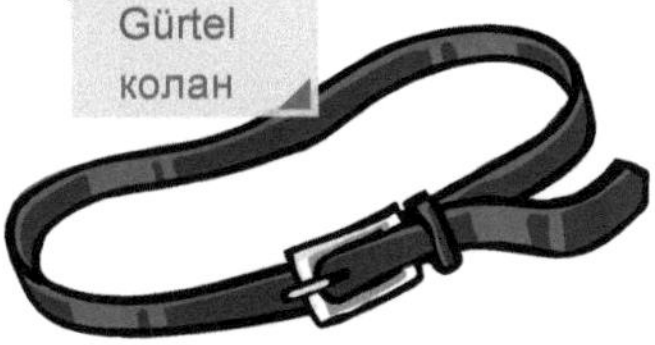

Gürtel
колан

Stiefel
ботуши

Hausschuhe
пантофи

Turnschuhe
гуменки

Sandalen
сандали

Schuhe
обувки

Gummistiefel
гумени ботуши

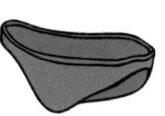

Unterhose
слип

Büstenhalter
сутиен

Unterhemd
долна блуза

Body

боди

Hose

панталон

Jeans

дънки

Rock

пола

Bluse

блуза

Hemd

риза

Pullover

пуловер

Kapuzenpullover

суичър

Blazer

блейзър

Jacke

яке

Mantel

палто

Regenmantel

дъждобран

Kostüm

костюм

Kleid

рокля

Hochzeitskleid

булчинска рокля

Anzug

костюм

Nachthemd

нощница

Schlafanzug

пижама

Sari

сари

Kopftuch

кърпа за глава

Turban

тюрбан

Burka

бурка

Kaftan

кафтан

Abaya

абая

Badeanzug

бански костюм

Badehose

плувни шорти

Kurze Hose

къс панталон

Trainingsanzug

анцуг

Schürze

престилка

Handschuhe

ръкавици

Knopf

копче

Brille

очила

Armband

гривна

Halskette

верижка

Ring

пръстен

Ohrring

обеца

Mütze

каскет

Kleiderbügel

закачалка

Hut

шапка

Krawatte

вратовръзка

Reißverschluss

цип

Helm

каска

Hosenträger

тиранти

Schuluniform

ученическа униформа

Uniform

униформа

Kleidung - облекло

Lätzchen

лигавник

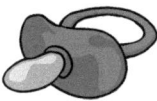

Schnuller

биберон

Windel

пелена

Büro

офис

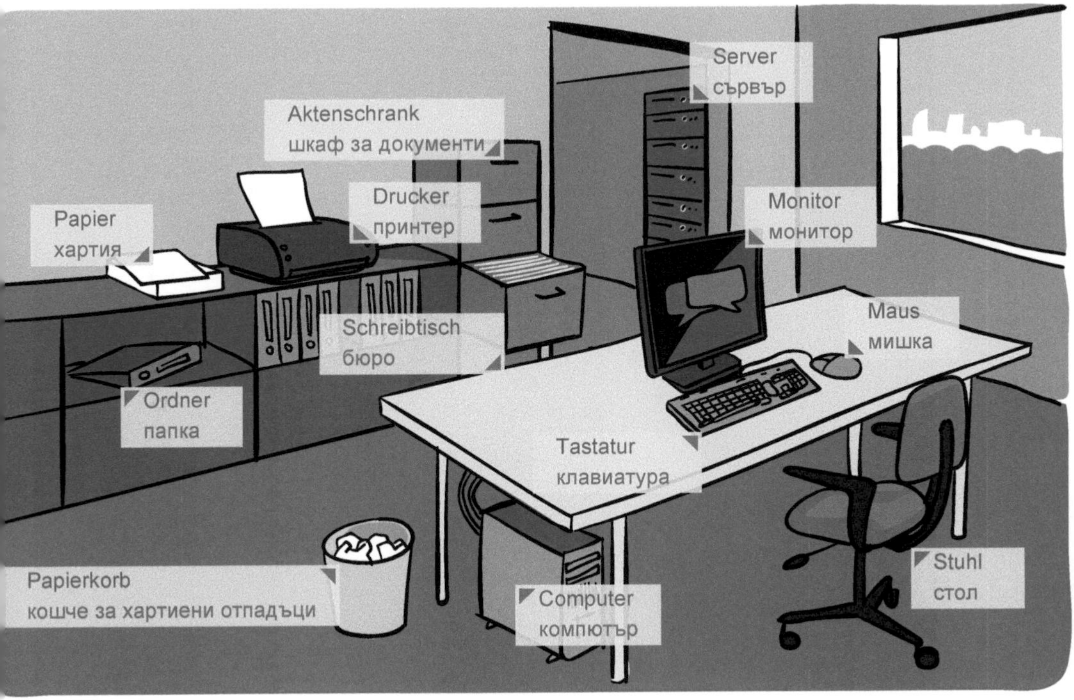

Server
сървър

Aktenschrank
шкаф за документи

Drucker
принтер

Papier
хартия

Monitor
монитор

Maus
мишка

Schreibtisch
бюро

Ordner
папка

Tastatur
клавиатура

Papierkorb
кошче за хартиени отпадъци

Stuhl
стол

Computer
компютър

Kaffeebecher

чаша за кафе

Taschenrechner

джобен калкулатор

Internet

интернет

Laptop

лаптоп

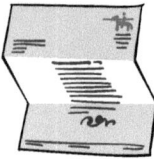

Brief

писмо

Nachricht

съобщение

Handy

мобилен телефон

Netzwerk

мрежа

Kopierer

ксерокс

Software

софтуер

Telefon

телефон

Steckdose

контакт

Fax

факс

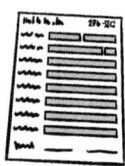

Formular

формуляр

Dokument

документ

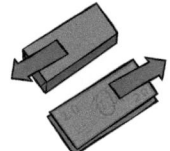

kaufen

купувам

bezahlen

плащам

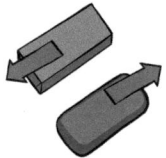

handeln

търгувам

Geld

пари

Dollar

долар

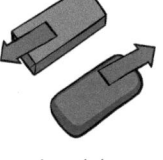

Euro

евро

Yen

йена

Rubel

рубла

Franken

швейцарски франк

Renminbi Yuan

ренминби юан

Rupie

рупия

Geldautomat

банкомат

Wechselstube

обменно бюро

Gold

злато

Silber

сребро

Öl

нефт

Energie

енергия

Preis

цена

Vertrag

договор

Steuer

данък

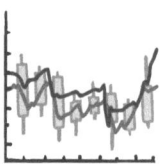

Aktie

акция

arbeiten

работя

Angestellter

служител

Arbeitgeber

работодател

Fabrik

фабрика

Geschäft

магазин за цветя

Polizist
полицай

Feuerwehrmann
пожарникар

Koch
готвач

Arzt
лекар

Pilot
пилот

Gärtner

градинар

Tischler

мебелист

Näherin

шивачка

Richter

съдия

Chemiker

химик

Schauspieler

артист

Busfahrer

шофьор на автобус

Taxifahrer

шофьор на такси

Fischer

рибар

Putzfrau

чистачка

Dachdecker

майстор на покриви

Kellner

келнер

Jäger

ловец

Maler

художник

Bäcker

хлебар

Elektriker

електротехник

Bauarbeiter

строителен работник

Ingenieur

инженер

Schlachter

касапин

Klempner

тенекеджия

Postbote

пощальон

Soldat

войник

Architekt

архитект

Kassierer

касиер

Florist

цветар

Friseur

фризьор

Schaffner

кондуктор

Mechaniker

механик

Kapitän

капитан

Zahnarzt

зъболекар

Wissenschaftler

научен работник

Rabbi

равин

Imam

имàм

Mönch

монах

Geistlicher

свещеник

Werkzeuge

инструменти

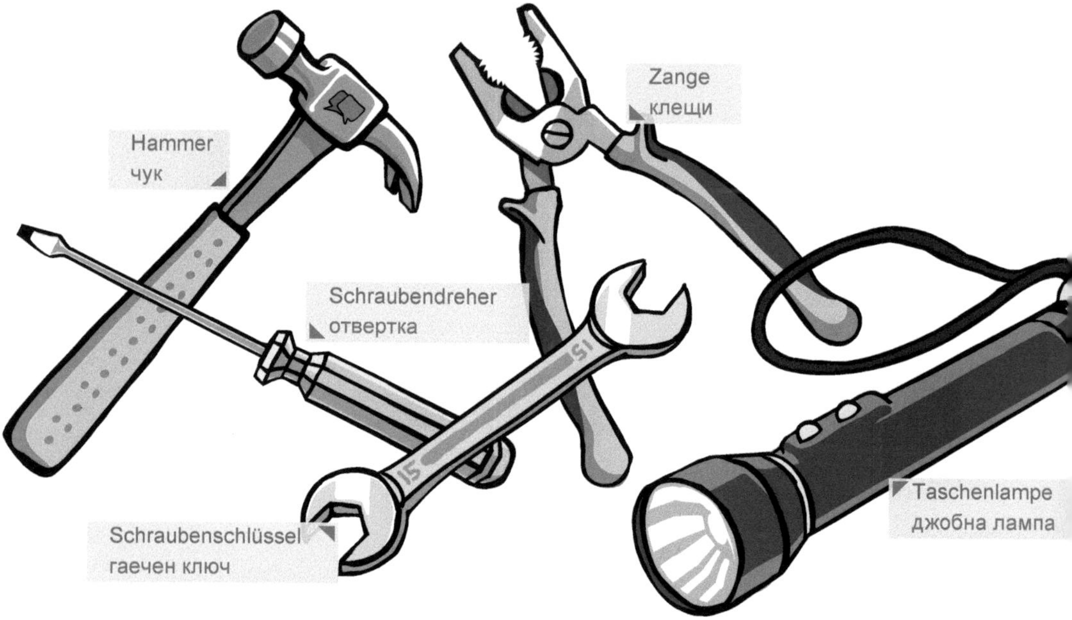
Hammer
чук
Zange
клещи
Schraubendreher
отвертка
Taschenlampe
джобна лампа
Schraubenschlüssel
гаечен ключ

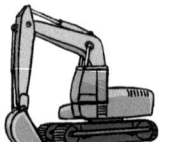

Bagger

багер

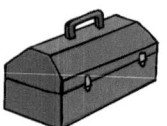

Werkzeugkasten

кутия за инструменти

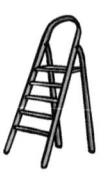

Leiter

стълба

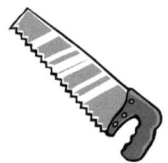

Säge

трион

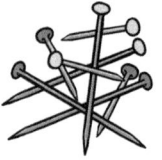

Nägel

пирони

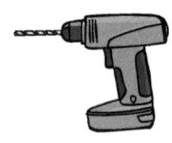

Bohrer

бормашина

reparieren
ремонтирам

Schaufel
лопата

Mist!
По дяволите!

Kehrblech
лопатка за смет

Farbtopf
кутия за боя

Schrauben
болтове

Musikinstrumente
музикални инструменти

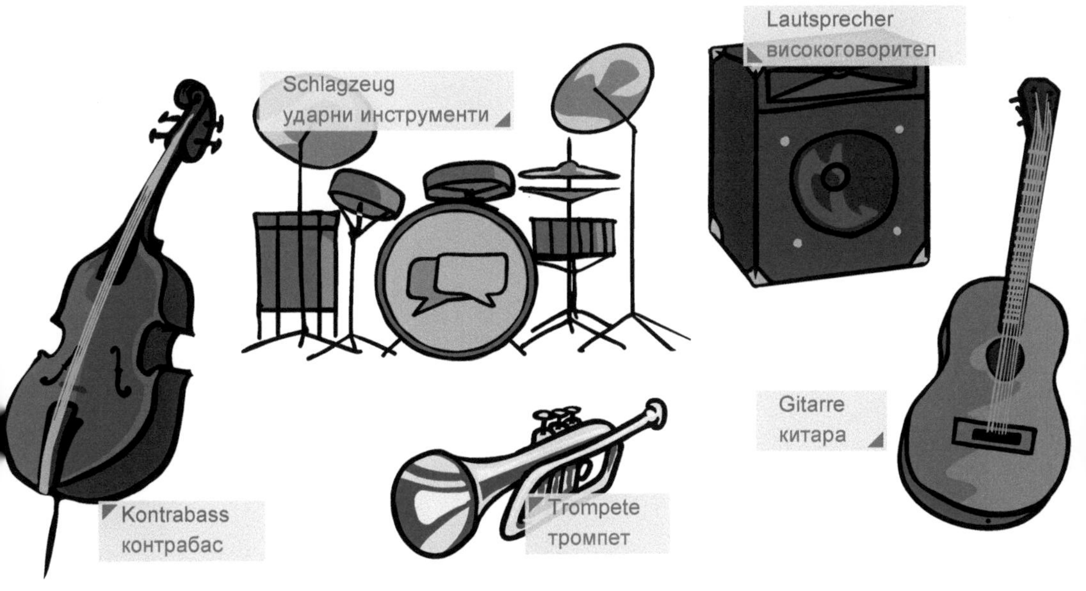

Lautsprecher
високоговорител

Schlagzeug
ударни инструменти

Gitarre
китара

Kontrabass
контрабас

Trompete
тромпет

Klavier

пиано

Violine

виолина

Bass

контрабас

Pauke

тимпан

Trommeln

барабан

Keyboard

електрическо пиано

Saxophon

саксофон

Flöte

флейта

Mikrofon

микрофон

Zoo

зоологическа градина

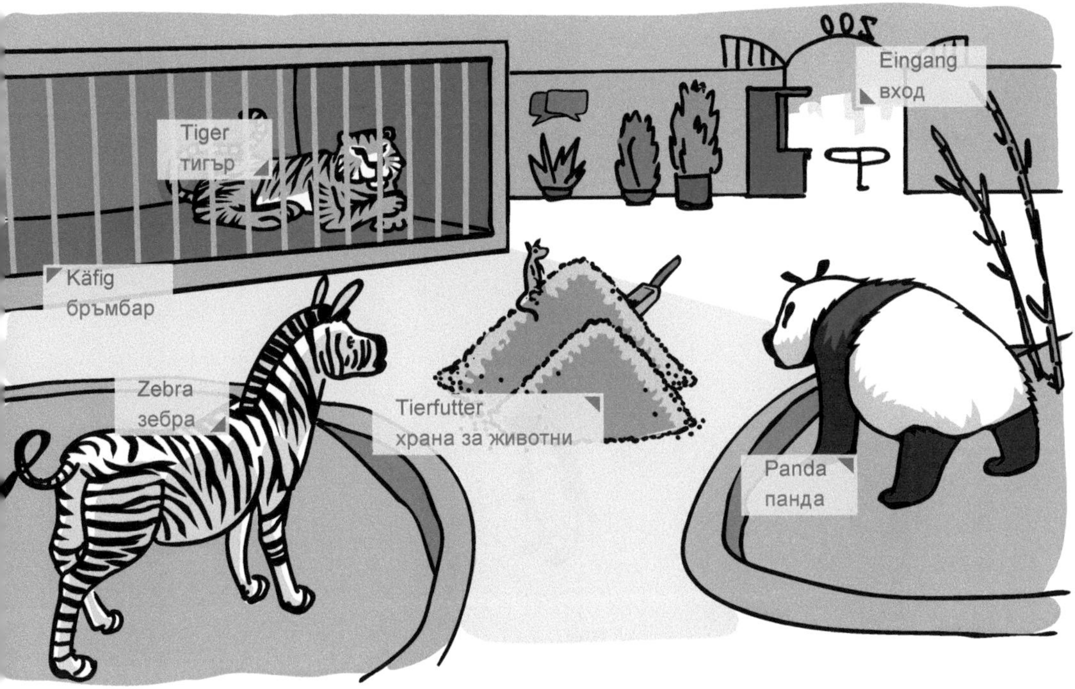

Eingang
вход
Tiger
тигър
Käfig
бръмбар
Zebra
зебра
Tierfutter
храна за животни
Panda
панда

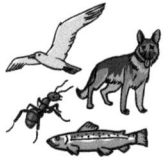

Tiere

животни

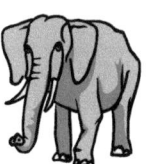

Elefant

слон

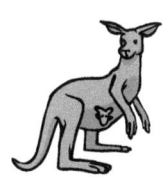

Känguru

кенгуру

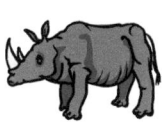

Nashorn

носорог

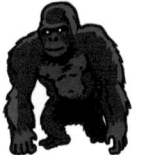

Gorilla

горила

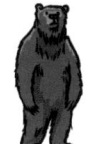

Bär

мечка

Kamel

камила

Strauß

щраус

Löwe

лъв

Affe

маймуна

Flamingo

фламинго

Papagei

папагал

Eisbär

бяла мечка

Pinguin

пингвин

Hai

акула

Pfau

паун

Schlange

змия

Krokodil

крокодил

Zoowärter

пазач в зоологическа
градина

Robbe

тюлен

Jaguar

ягуар

Zoo - зоологическа градина

Pony

пони

Leopard

леопард

Nilpferd

хипопотам

Giraffe

жираф

Adler

орел

Wildschwein

диво прасе

Fisch

риба

Schildkröte

костенурка

Walross

морж

Fuchs

лисица

Gazelle

газела

Zoo - зоологическа градина

American Football
американски футбол

Radfahren
колоездене

Tennis
тенис

Basketball
баскетбол

Schwimmen
плуване

Boxen
бокс

Eishockey
хокей на лед

Fußball
футбол

Badminton
бадминтон

Leichtathletik
лека атлетика

Handball
хандбал

Skilaufen
ски бягане

Polo
поло

Aktivitäten

дейности

lachen
смея се
springen
скачам
umarmen
прегръщам
gehen
вървя
singen
пея
träumen
сънувам
beten
моля се
küssen
целувам

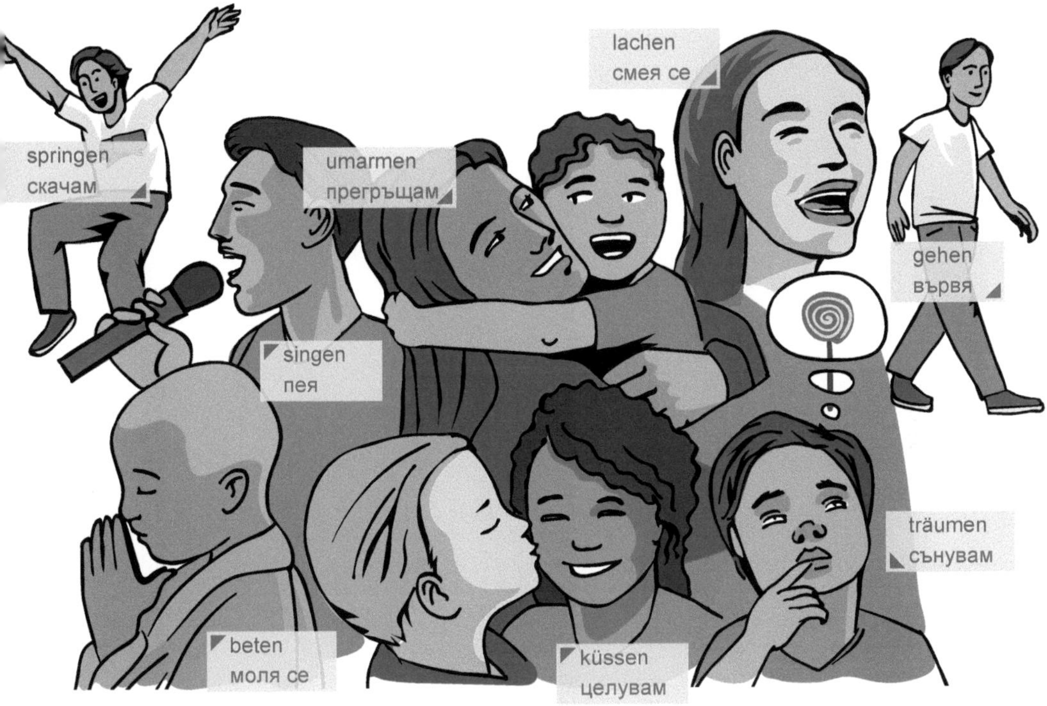

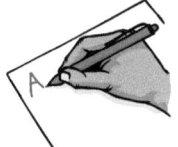

schreiben

пиша

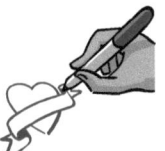

zeichnen

рисувам

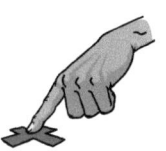

zeigen

показвам

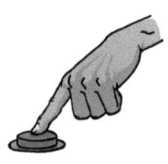

drücken

бутам

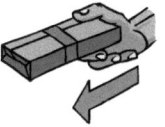

geben

давам

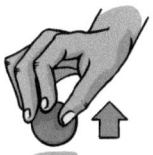

nehmen

взимам

haben

имам

tun

правя

sein

съм

stehen

стоя

laufen

тичам

ziehen

дърпам

werfen

хвърлям

fallen

падам

liegen

лежа

warten

чакам

tragen

нося

sitzen

седя

anziehen

обличам

schlafen

спя

aufwachen

събуждам се

ansehen

разглеждам

weinen

плача

streicheln

милвам

kämmen

реша се

reden

говоря

verstehen

разбирам

fragen

питам

hören

слушам

trinken

пия

essen

ям

aufräumen

разтребвам

lieben

обичам

kochen

готвя

fahren

карам автомобил

fliegen

летя

segeln

плавам (с платна)

rechnen

смятане

lesen

чета

lernen

уча

arbeiten

работя

heiraten

женя се

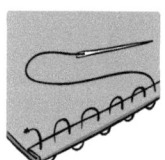

nähen

шия

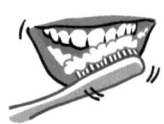

Zähne putzen

измивам си зъбите

töten

убивам

rauchen

пуша

senden

изпращам

Großmutter
баба

Großvater
дядо

Vater
баща

Mutter
майка

Baby
бебе

Tochter
дъщеря

Sohn
син

Gast

посетител

Tante

леля

Onkel

чичо

Bruder

брат

Schwester

сестра

Körper
тяло

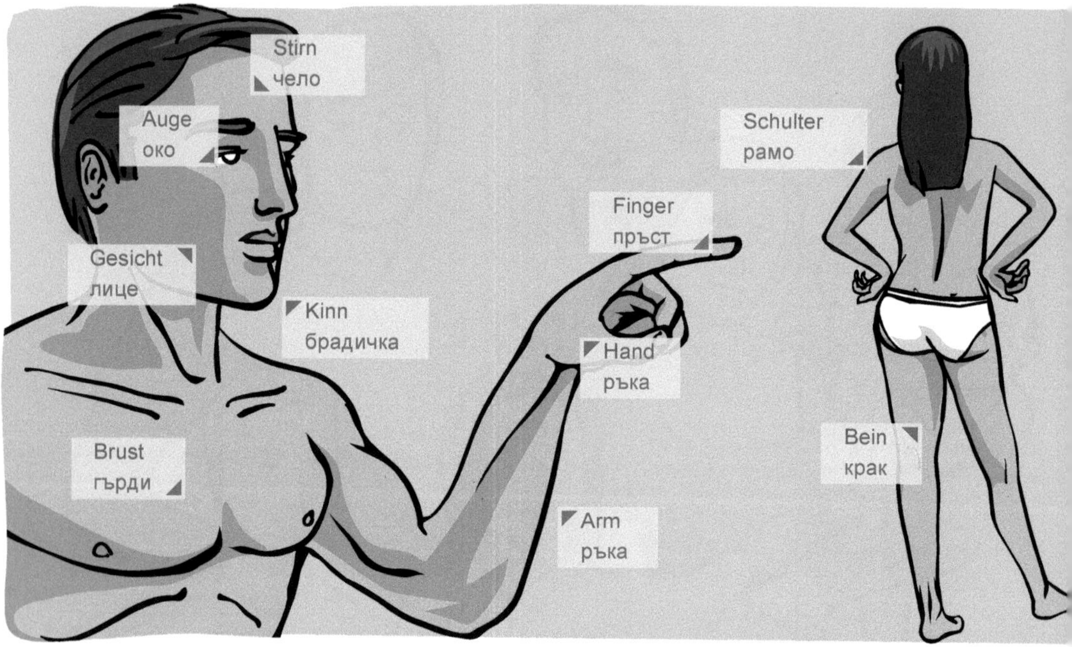

Stirn
чело

Auge
око

Schulter
рамо

Finger
пръст

Gesicht
лице

Kinn
брадичка

Hand
ръка

Brust
гърди

Bein
крак

Arm
ръка

Baby

бебе

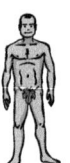

Mann

мъж

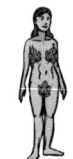

Frau

жена

Mädchen

момиче

Junge

момче

Kopf

глава

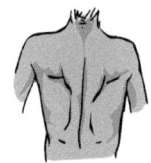

Rücken

гръб

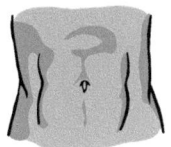

Bauch

корем

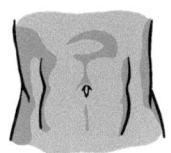

Nabel

пъп

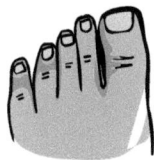

Zeh

пръст на крака

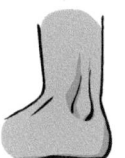

Ferse

пета

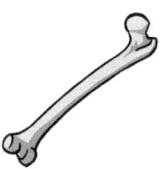

Knochen

кост

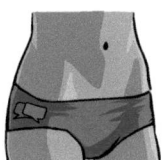

Hüfte

хълбок

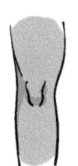

Knie

коляно

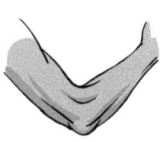

Ellenbogen

лакът

Nase

нос

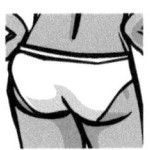

Gesäß

седалище

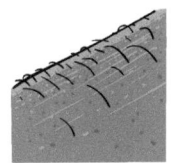

Haut

кожа

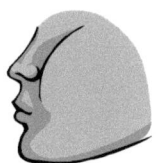

Wange

буза

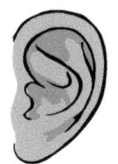

Ohr

ухо

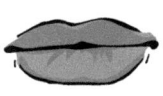

Lippe

устна

Körper - тяло

69

Mund

уста

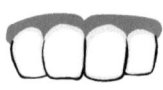

Zahn

зъб

Zunge

език

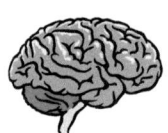

Gehirn

мозък

Herz

сърце

Muskel

мускул

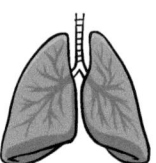

Lunge

бял дроб

Leber

черен дроб

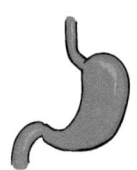

Magen

стомах

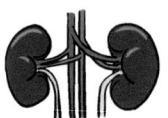

Nieren

бъбреци

Geschlechtsverkehr

полово сношение

Kondom

кондом

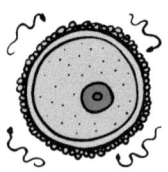

Eizelle

яйцеклетка

Sperma

сперма

Schwangerschaft

бременност

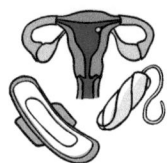

Menstruation

менструация

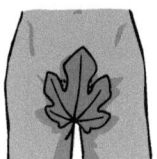

Vagina

вагина

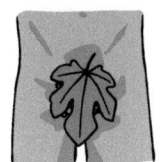

Penis

пенис

Augenbraue

вежда

Haar

коса

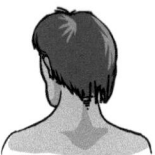

Hals

шия

Krankenhaus
болница

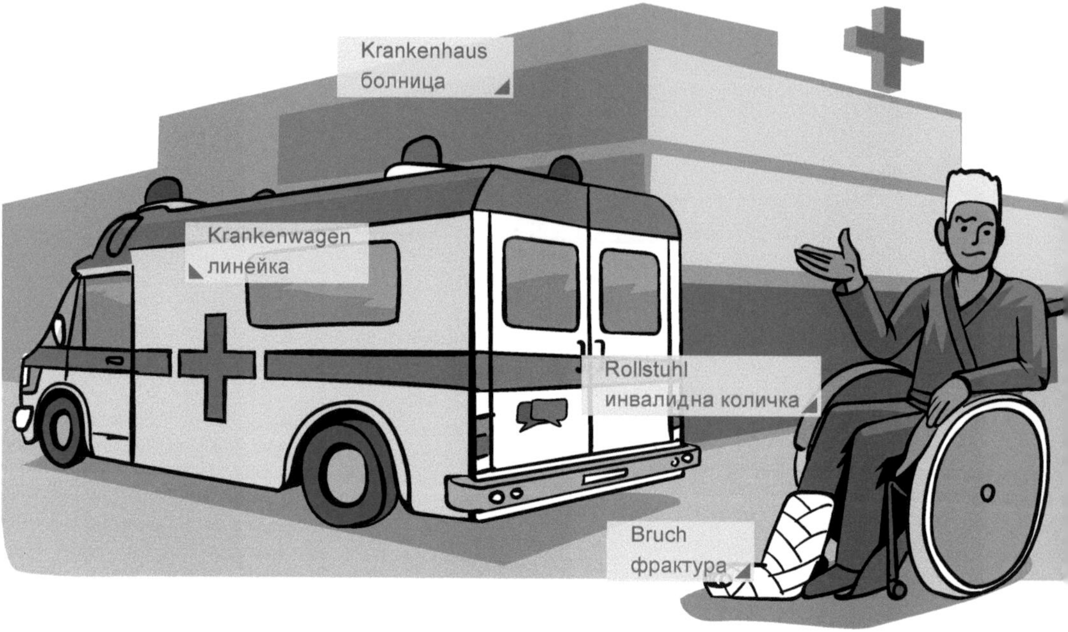

Krankenhaus
болница
Krankenwagen
линейка
Rollstuhl
инвалидна количка
Bruch
фрактура

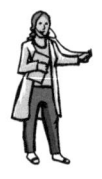

Arzt

лекар

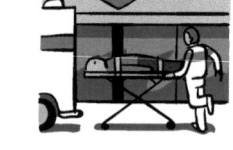

Notaufnahme

спешна хоспитализация

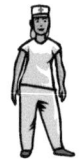

Krankenschwester

медицинска сестра

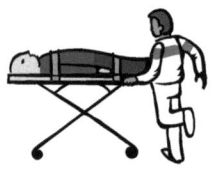

Notfall

спешен случай

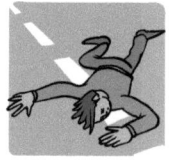

ohnmächtig

в безсъзнание

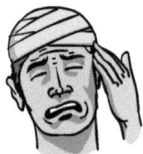

Schmerz

болка

Verletzung

нараняване

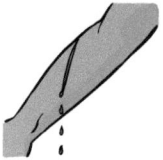

Blutung

кървене

Herzinfarkt

инфаркт

Schlaganfall

инсулт

Allergie

алергия

Husten

кашлица

Fieber

температура

Grippe

грип

Durchfall

диария

Kopfschmerzen

главоболие

Krebs

рак

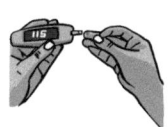

Diabetis

диабет

Chirurg

хирург

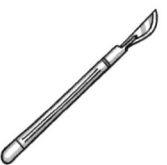

Skalpell

скалпел

Operation

операция

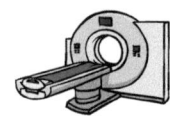

CT
компютърна томография

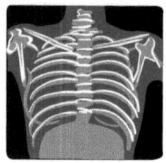

Röntgen
рентген

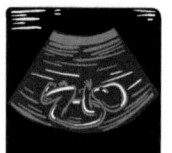

Ultraschall
ултразвук

Maske
маска

Krankheit
болест

Wartezimmer
чакалня

Krücke
патерица

Pflaster
пластир

Verband
превръзка

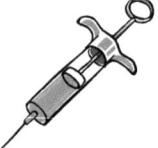

Injektion
инжекция

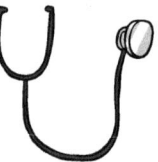

Stethoskop
стетоскоп

Trage
носилка

Thermometer
термометър

Geburt
раждане

Übergewicht
наднормено тегло

Hörgerät

слухов апарат

Desinfektionsmittel

дезинфекционно средство

Infektion

инфекция

Virus

вирус

HIV / AIDS

HIV / AIDS

Medizin

медицина

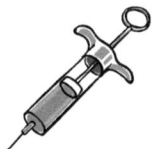

Impfung

ваксинация

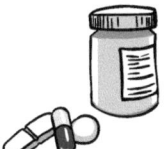

Tabletten

таблети

Pille

противозачатъчна
таблетка

Notruf

спешно телефонно
обаждане

Blutdruck-Messgerät

апарат за измерване на
кръвното налягане

krank / gesund

болен / здрав

Hilfe!

Помощ!

Alarm

сигнал за тревога

Überfall

нападение

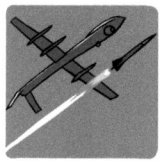

Angriff

атака

Gefahr

опасност

Notausgang

авариен изход

Feuer!

Пожар!

Feuerlöscher

пожарогасител

Unfall

злополука

Erste-Hilfe-Koffer

комплект за оказване на
първа помощ

SOS

SOS

Polizei

полиция

Europa

Европа

Nordamerika

Северна Америка

Südamerika

Южна Америка

Afrika

Африка

Asien

Азия

Australien

Австралия

Atlantik

Атлантически океан

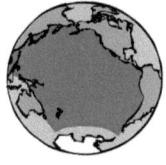

Pazifik

Тихи океан

Indischer Ozean

Индийски океан

Antarktischer Ozean

Южен ледовит океан

Arktischer Ozean

Северен ледовит океан

Nordpol

Северен полюс

Südpol

Южен полюс

Antarktis

Антарктида

Erde

Земя

Land

суша

Meer

море

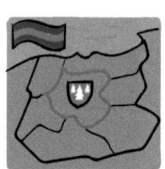

Insel

остров

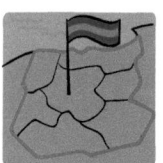

Nation

нация

Staat

държава

Zifferblatt

циферблат

Stundenzeiger

стрелка на часовете

Minutenzeiger

стрелка на минутите

Sekundenzeiger

стрелка на секундите

Wie spät ist es?

Колко е часът?

Tag

ден

Zeit

време

jetzt

сега

Digitaluhr

дигитален часовник

Minute

минута

Stunde

час

Woche
седмица

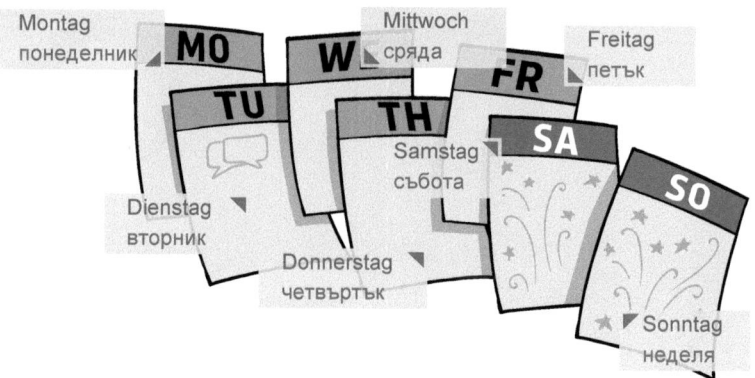

Montag
понеделник

Mittwoch
сряда

Freitag
петък

Dienstag
вторник

Donnerstag
четвъртък

Samstag
събота

Sonntag
неделя

gestern

вчера

heute

днес

morgen

утре

Morgen

сутрин

Mittag

обед

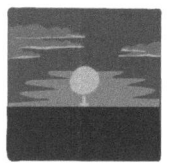

Abend

вечер

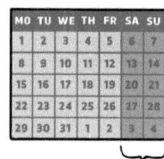

Arbeitstage

работни дни

Wochenende

уикенд

Jahr

година

Regen
дъжд
Regenbogen
дъга
Wind
вятър
Schnee
сняг
Frühling
пролет
Sommer
лято
Herbst
есен
Winter
зима

4.APRIL 11°
5.APRIL 4°
6.APRIL 13°
7.APRIL 8°
8.APRIL 10°

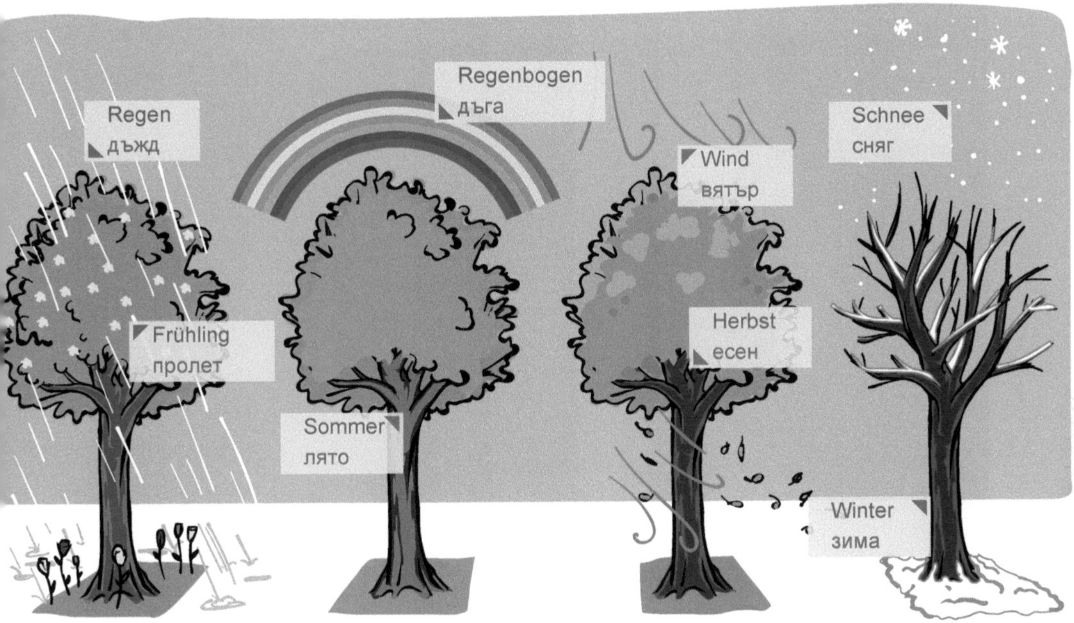

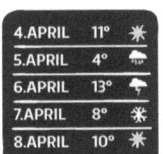

Wettervorhersage

прогноза за времето

F C
120 90 60 30 0 -30
40 30 20 10 0 -10 -20

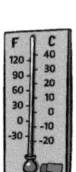

Thermometer

термометър

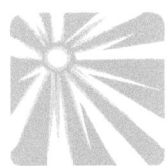

Sonnenschein

слънчева светлина

Wolke

облак

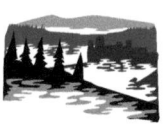

Nebel

мъгла

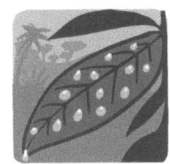

Luftfeuchtigkeit

влажност на въздуха

Blitz

светкавица

Donner

гръмотевица

Sturm

буря

Hagel

градушка

Monsun

мусон

Flut

наводнение

Eis

лед

Januar

януари

Februar

февруари

März

март

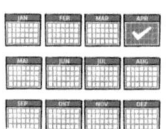

April

април

Mai

май

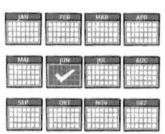

Juni

юни

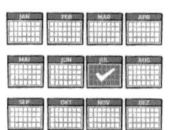

Juli

юли

August

август

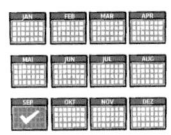

September
....
септември

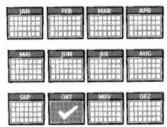

Oktober
....
октомври

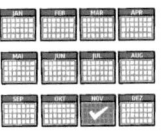

November
....
ноември

Dezember
....
декември

Kreis
....
кръг

Quadrat
....
квадрат

Rechteck
....
четириъгълник

Dreieck
....
триъгълник

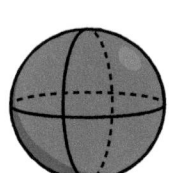

Kugel
....
сфера

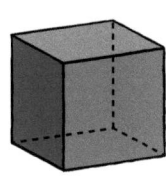

Würfel
....
куб

weiß

бял

gelb

жълт

orange

оранжев

pink

розов

rot

червен

lila

лилав

blau

син

grün

зелен

braun

кафяв

grau

сив

schwarz

черен

viel / wenig

много / малко

wütend / friedlich

ядосан / спокоен

hübsch / hässlich

красив / грозен

Anfang / Ende

начало / край

groß / klein

голям / малък

hell / dunkel

светъл / тъмен

Bruder / Schwester

брат / сестра

sauber / schmutzig

чист / мръсен

vollständig / unvollständig

пълен / непълен

Tag / Nacht

ден / нощ

tot / lebendig

мъртъв / жив

breit / schmal

широк / тесен

genießbar / ungenießbar

ядлив / неядлив

böse / freundlich

сърдит / любезен

aufgeregt / gelangweilt

развълнуван / скучаещ

dick / dünn

дебел / тънък

zuerst / zuletzt

най-напред / най-накрая

Freund / Feind

приятел / враг

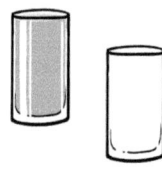

voll / leer

пълен / празен

hart / weich

твърд / мек

schwer / leicht

тежък / лек

Hunger / Durst

глад / жажда

krank / gesund

болен / здрав

illegal / legal

нелегален / легален

intelligent / dumm

интелигентен / глупав

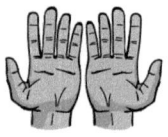

links / rechts

ляво / дясно

nah / fern

близо / далече

neu / gebraucht

нов / употребяван

nichts / etwas

нищо / нещо

alt / jung

стар / млад

an / aus

вкл. / изкл.

offen / geschlossen

отворен / затворен

leise / laut

тих / силен (звук)

reich / arm

богат / беден

richtig / falsch

правилен / погрешен

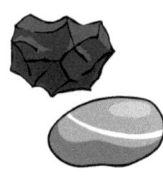

rau / glatt

грапав / гладък

traurig / glücklich

тъжен / щастлив

kurz / lang

дълъг / къс

langsam / schnell

бавен / бърз

nass / trocken

мокър / сух

warm / kühl

топъл / студен

Krieg / Frieden

война / мир

0

null

нула

1

eins

едно

2

zwei

две

3

drei

три

4

vier

четири

5

fünf

пет

6

sechs

шест

7

sieben

седем

8

acht

осем

9

neun

девет

10

zehn

десет

11

elf

единадесет

12

zwölf

дванадесет

13

dreizehn

тринадесет

14

vierzehn

четиринадесет

15

fünfzehn

петнадесет

16

sechzehn

шестнадесет

17

siebzehn

седемнадесет

18

achtzehn

осемнадесет

19

neunzehn

деветнадесет

20

zwanzig

двадесет

100

hundert

сто

1.000

tausend

хиляда

1.000.000

million

милион

Englisch

английски

Amerikanisches Englisch

американски английски

Chinesisch Mandarin

китайски мандарин

Hindi

хинди

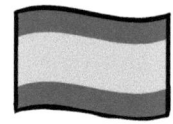

Spanisch

испански

Französisch

френски

Arabisch

арабски

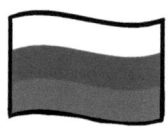

Russisch

руски

Portugiesisch

португалски

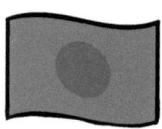

Bengalisch

бенгалски

Deutsch

немски

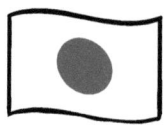

Japanisch

японски

ich

аз

du

ти

er / sie / es

той / тя / то

wir

ние

ihr

вие

sie

те

wer?

кой?

was?

какво?

wie?

как?

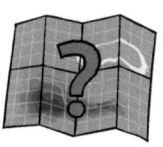

wo?

къде?

wann?

кога?

Name

име

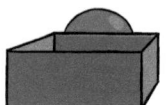

hinter

зад

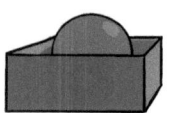

in

в

vor

пред

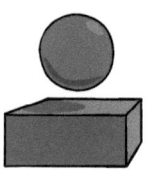

über

над

auf

върху

unter

под

neben

до

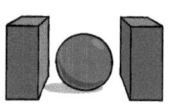

zwischen

между

Ort

място